TAXE MILITAIRE

Circulaire de la Direction générale de la Comptabilité publique du 30 juin 1891, n° 1618.)

1° ASSIETTE DE LA TAXE.

1. Individus passibles de la taxe. — Exemptions.
2. Conditions dans lesquelles elle est due.
3. Éléments de la taxe : — Taxes fixe et proportionnelle, — Contribution personnelle-mobilière de l'un des ascendants.
4. Réduction de la taxe proportionnellement au temps passé sous les drapeaux.
5. Réclamations.

2° RECOUVREMENT DE LA TAXE.

6. Assimilation au recouvrement de la contribution personnelle mobilière
7. Privilège du Trésor.
8. Non-responsabilité des propriétaires et logeurs.
9. Responsabilité des ascendants.
10. Ordre des poursuites. — Poursuites collectives.
11. Pénalité pour retard de payement.
12. Avis officieux à joindre au commandement.
13. Constatation des doubles taxes et contrainte spéciale.
14. Exception au doublement des douzièmes de retard.
15. Caractère personnel de la pénalité.
16. Contraintes extérieures.
17. Remises des percepteurs.
18. Écritures des percepteurs.

1° ASSIETTE DE LA TAXE.

I. — *Individus passibles de la taxe. — Exemptions.*

Monsieur, la loi du 15 juillet 1889 sur le recrutement de l'armée a créé, par son article 35, sous le nom de *taxe militaire*, une

nouvelle taxe assimilée, perçue au profit du Trésor, et à laquelle sont annuellement assujettis les hommes qui bénéficient d'une exonération totale ou partielle du service dans l'armée active.

Un règlement d'administration publique en date du 30 décembre 1890, reproduit ci-après (annexe n° 1) et précédé de l'article 35 de la loi organique, a déterminé les détails d'exécution relatifs à l'assiette et au recouvrement de la taxe.

Ce n'est pas ici le lieu de passer une revue détaillée des diverses situations atteintes par la taxe militaire : il suffit aux agents préposés au recouvrement de retenir cette règle générale que l'impôt frappe tous les individus qui, inscrits sur les listes de recrutement, ne fournissent pas, pour un motif quelconque, une présence effective de trois ans sous les drapeaux. En compensation de l'abréviation à leur profit de la durée du service militaire, la loi les oblige à acquitter chaque année, *jusqu'à leur passage ou jusqu'au passage de leur classe dans la réserve de l'armée territoriale*, une contribution en argent.

La taxe est due, en conséquence, par les individus exemptés de tout service pour cause d'infirmités ; elle atteint les hommes ajournés à un nouvel examen pour défaut de taille ou faiblesse de constitution, les hommes classés dans les services auxiliaires de l'armée, ceux qui, à la faveur d'un bon numéro, ont été renvoyés dans leurs foyers en disponibilité après une première année de service, les dispensés appartenant aux différentes catégories établies par la loi (aînés d'orphelins, soutiens de famille, instituteurs laïques, étudiants, etc.), enfin, les déserteurs et les insoumis.

Sont seuls exonérés de la taxe :

1° Les hommes réformés ou admis à la retraite pour blessures reçues dans un service commandé ou pour infirmités contractées dans les armées de terre et de mer ;

2° Les dispensés indigents dont les ascendants responsables sont eux-mêmes dans un état d'indigence notoire et ont été exemptés comme tels de la contribution personnelle-mobilière. (*Loi du 15 juillet 1889, art. 35, § 2. — Décret du 30 décembre 1890, art. 11*).

Quant aux hommes que les conseils de revision ont exemptés du service militaire pour des infirmités entraînant l'incapacité absolue de travail, la loi ne leur accorde qu'une exemption partielle de la taxe, exemption limitée au droit fixe. (*Même loi, art. 35, § 4.*)

II. — Conditions dans lesquelles elle est due.

La taxe militaire est due à partir du 1er janvier qui suit l'appel à l'activité de la classe à laquelle appartient l'assujetti : établie pour l'année entière, à raison des faits existants au 1er janvier, elle épargne dès lors l'individu présent à cette date sous les drapeaux comme incorporé dans l'armée active. (*Décret du* 30 *décembre* 1890, *art.* 1 *et* 2.)

Elle est exigible dans la commune où le redevable a son domicile à l'époque du 1er janvier.

Elle cesse par trois ans de présence effective des assujettis sous les drapeaux et par leur inscription sur les registres matricules de l'inscription maritime.

La taxe cesse également à partir du 1er janvier qui suit le passage de la classe de l'assujetti dans la réserve de l'armée territoriale. (*Loi du* 15 *juillet* 1889, *art.* 35, § 5.)

D'autre part, le payement de la taxe est suspendu :

1° Par le fait de l'engagement volontaire de l'assujetti. (*Décret du* 30 *décembre* 1890, *art.* 31.)

2° En cas de mobilisation, sauf pour les insoumis, les déserteurs et les exemptés. (*Même décret, art.* 33.)

III. — *Éléments de la taxe : Taxe fixe et proportionnelle. — Contribution personnelle-mobilière de l'un des ascendants.*

La taxe militaire se compose de deux éléments :

1° D'une taxe fixe de 6 francs ;

2° D'une taxe proportionnelle égale au montant en principal de la cote personnelle et mobilière de l'assujetti, augmentée, s'il y a lieu, d'une fraction de la cote personnelle et mobilière en principal de l'un des ascendants.

Si l'assujetti a encore ses ascendants du premier degré ou l'un d'eux, sa cotisation est augmentée du quotient obtenu en divisant le principal de la cote personnelle-mobilière de celui des ascendants qui est le plus imposé à cette contribution en principal, par le nombre des enfants vivants ou représentés.

Au cas de non-imposition des ascendants du premier degré, l'augmentation que doit subir la cote de l'assujetti s'obtient en divisant la cote personnelle-mobilière en principal de l'ascendant du second degré le plus imposé par le nombre des enfants vivants ou représentés dudit ascendant, et en subdivisant le quotient par le nombre des enfants vivants ou représentés de l'ascendant du premier degré. (*Loi du 15 juillet 1889, art. 35, § 3.*)

Un exemple rendra ces formules plus saisissantes. Il est emprunté à l'instruction ministérielle pour l'assiette de la taxe militaire adressée, sous la date du 14 mars 1891, aux agents de la Direction générale des contributions directes :

Soit un individu, A, dont les enfants vivants ou représentés sont au nombre de trois : B, C, D. Ce dernier n'est pas imposé. Il a deux enfants, E et F dont l'un F, est passible de la taxe militaire.

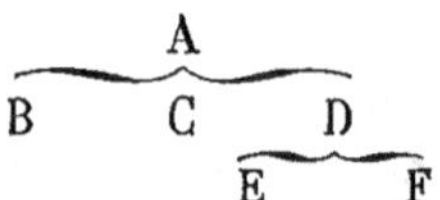

D héritera d'un tiers de la fortune de A, *et* F, *l'assujetti, héritera de la moitié de celle que* D, *son père tiendra de* A ; *or* D *n'est héritier de* A *que pour un tiers ; il faudra donc augmenter la taxe militaire due par* F *de la moitié du tiers, c'est-à-dire du sixième de la cote personnelle-mobilière en principal de* A.

Si D, *ascendant du premier degré, avait été vivant et imposé, l'addition à la cote de l'assujetti* F *aurait été égale à la moitié du principal de la cote personnelle-mobilière de* D.

La cotisation personnelle-mobilière des ascendants cesse d'être comprise dans le calcul de la taxe militaire lorsque l'assujetti a atteint l'âge de 30 ans révolus et qu'il a un domicile distinct de celui de ses ascendants.

Il est ajouté au montant de la taxe : 5 centimes par franc pour couvrir les décharges ou remises ainsi que les frais d'assiette et de confection des rôles. Le total de la cotisation, y compris les 5 centimes dont il s'agit, est encore accru de 3 centimes par franc pour frais de perception. (*Même loi, art. 35, § 7.*)

IV. — *Réduction de la taxe proportionnellement au temps passé sous les drapeaux.*

Les hommes qui n'accomplissent aucun service dans l'armée active sont passibles de l'intégralité de la taxe ; il en est de même, mais seulement tant qu'ils n'ont pas été appelés à fournir un service actif, des hommes ajournés à un nouvel examen par les conseils de revision.

La taxe est réduite, par contre, au profit des jeunes gens qui n'ont bénéficié que d'une exonération partielle de service, et la réduction d'impôt est proportionnelle au temps passé par eux sous les drapeaux. La durée du service dans l'armée active étant de 36 mois, chaque mois accompli à ce titre entraîne la diminution d'un trente-sixième de la cote. Ainsi le dispensé qui passe un an sous les drapeaux n'est plus imposable, *et ce, jusqu'au 1ᵉʳ janvier qui suit le passage de sa classe dans la réserve de l'armée territoriale*, qu'à vingt-quatre trente-sixièmes, autrement dit, le nombre des trente-sixièmes *annuellement* exigibles est égal au nombre de mois pendant lesquels il a bénéficié de la dispense. Il importe à ce sujet de remarquer que tout service effectué à titre d'exercices ou manœuvres et tout service accompli, en temps de paix, au titre de la réserve de l'armée active, de l'armée territoriale ou de la réserve de l'armée territoriale, ne peuvent être invoqués pour obtenir une atténuation de la taxe militaire. (*Décret du 30 décembre 1890, art. 3 et 4.*)

Il n'est pas tenu compte des fractions de mois. Tout mois commencé est en effet exigible en entier. (*Loi du 15 juillet 1889, art. 35, § 5, alinéa final.*)

V. — Réclamations.

Les demandes en remise et en décharge relatives à la taxe militaire sont formées, instruites et jugées comme en matière de contribution personnelle-mobilière.

L'assujetti a pour réclamer trois mois à partir de la publication du rôle ; toutefois ce délai ne court, s'il a figuré sur un rôle complémentaire, que de la date où il a eu connaissance de son imposition par les poursuites du percepteur.

L'ascendant, dont la contribution personnelle-mobilière a été prise comme élément de la taxe militaire, est admis, de son côté, à discuter l'indication du rôle concernant sa responsabilité ainsi que la fixation de la cotisation de l'assujetti. Pour cet ascendant, c'est l'époque où les poursuites du percepteur l'ont mis à même de connaître sa responsabilité et la cote de l'assujetti qui sert de point de départ au délai de réclamation. (*Décret du 30 décembre, article 34 et suivants.*)

Le registre spécial tenu dans les mairies pour recevoir pendant un mois les déclarations des contribuables qui se croient imposés à tort ou surtaxés sur les rôles généraux des quatre contributions directes et sur ceux des prestations est également ouvert aux déclarations de même nature intéressant la taxe militaire. L'article 38 du règlement d'administration publique étend à cette dernière taxe les dispositions de l'article 4 de la loi du 29 décembre 1884 et celles des articles 2 et 3 de la loi du 21 juillet 1887 (1).

2° RECOUVREMENT DE LA TAXE

VI. — *Assimilation au recouvrement de la contribution personnelle-mobilière.*

Après ces explications préliminaires, indispensables pour comprendre la portée et le mode de fixation de la nouvelle taxe, il convient d'aborder les dispositions particulières qui en règlent le recouvrement. Ces dispositions font l'objet du chapitre IV du décret du 30 décembre 1890 portant règlement d'administration publique.

L'article 26 du règlement rend applicables au recouvrement de la taxe militaire les textes législatifs concernant le recouvrement de la contribution personnelle-mobilière ; d'où les conséquences suivantes :

Si l'assujetti ou l'ascendant responsable vient à décéder, les héritiers sont tenus, quelle que soit l'époque du décès, au payement de la cote, qui est établie pour l'année entière. (*Loi du 21 avril 1832, art. 21.*)

Leur obligation s'étend également aux doubles taxes dues par leurs auteurs, mais, pris comme héritiers, ils ne sont pas exposés à encourir, pour des retards qui leur seraient personnellement imputables, la pénalité dont il sera question aux paragraphes 11 et 15 ci-après.

En cas de déménagement hors du ressort de la perception, comme en cas de vente volontaire ou forcée, la taxe devient immédiatement exigible pour la totalité de l'année. (*Même loi art. 22.*)

---

(1) Loi du 29 décembre 1884, article 4. « Dans le cas où, par suite de faux ou double emploi, des cotes seraient indûment imposées dans les rôles des contributions directes ou des taxes y assimilées, le délai pour la présentation des réclamations ne prendra fin que trois mois après que le contribuable aura eu connaissance des poursuites dirigées contre lui par le percepteur pour le recouvrement de la cotisation indûment imposée. »

Loi du 21 juillet 1887, article 2. (Voir circulaire comptabilité publique du 15 décembre 1887, n° 1561.)

VII. — *Privilège du Trésor.*

Le Trésor a privilège pour l'année échue et pour l'année courante de la taxe militaire sur tous les meubles et autres effets mobiliers appartenant aux assujettis et à leurs ascendants responsables, en quelque lieu qu'ils se trouvent.

Les dépositaires et débiteurs de deniers privilégiés provenant du chef des redevables sont obligés de prélever sur les fonds qu'ils ont entre leurs mains et sur la simple demande du percepteur le montant de la taxe. (*Loi du* 12 *novembre* 1808, *art.* 1 *et* 2.)

Il est interdit aux *dépositaires publics*, c'est-à-dire aux commissaires-priseurs, huissiers, notaires, syndics de faillite, séquestres, etc. qui se trouvent constitués détenteurs, par l'effet de la loi et dans l'exercice obligé de leurs fonctions, de se dessaisir des fonds privilégiés appartenant aux redevables sans s'être assurés que la taxe militaire a été payée. (*Loi du* 5-18 *août* 1791 *relative aux sommes séquestrées et déposées.*)

Le décret portant règlement d'administration publique a pris soin de viser, par une mention spéciale, les deux lois précitées de 1791 et de 1808, affirmant ainsi leur concordance déjà consacrée par l'arrêt de cassation, rendu dans l'intérêt de la loi à la date du 21 mai 1883. Il a paru utile de reproduire ci-après (annexe n° 2) cette décision de la Cour suprême, en raison du puissant intérêt juridique qu'elle présente, non seulement pour la taxe militaire, mais encore pour le recouvrement de l'impôt direct en général.

VIII. — *Non-responsabilité des propriétaires et logeurs.*

L'extension à la taxe militaire des règles applicables au recouvrement de la contribution personnelle-mobilière n'est cependant pas complète. C'est ainsi que la taxe reste en dehors des prescriptions du deuxième paragraphe de l'article 22 et de celles de l'article 23 de la loi du 21 avril 1832 relatives à la responsabilité des propriétaires et des logeurs en garni. Le propriétaire ou le principal locataire qui néglige de déclarer ou de faire constater le déménagement d'un locataire assujetti à la taxe en question n'encourt donc de ce chef aucune obligation fiscale. Ce point est à retenir.

IX. — *Responsabilité des ascendants.*

Le recouvrement de la taxe militaire est d'ailleurs garanti par deux dispositions qui constituent des innovations importantes, elles consistent : dans une *responsabilité pécuniaire* que la loi fait peser sur les ascendants des assujettis, et dans un *doublement* de la taxe, en cas de retard de payement.

La taxe militaire est due par l'assujetti qui a bénéficié de l'exonération du service dans l'armée active ; c'est à son nom que l'article du rôle est ouvert. A côté de ce débiteur principal, la loi a désigné une caution ou plus exactement un codébiteur tenu de garantir le payement de l'impôt, et de répondre pour l'assujetti. Cette responsabilité incombe à l'ascendant du premier ou du second degré, dont la cotisation personnelle-mobilière a été prise pour élément du calcul de la taxe ; son nom et son domicile figurent sur le rôle à la suite des indications ayant trait à l'assujetti. La désignation de deux débiteurs personnels pour une dette unique a eu pour objet d'assurer le recouvrement dans nombre de cas où le défaut de solvabilité du principal obligé aurait rendu l'impôt improductif. Le législateur a pensé que les intérêts de l'ascendant et de l'assujetti étaient généralement confondus, que le premier retirait, lui aussi, un réel profit de la dispense ou de l'exemption de service militaire prononcée en faveur du second et que l'équité permettait de les associer pour le payement de la taxe, puisque l'abréviation du temps passé sous les drapeaux était présumée leur procurer à tous deux de communs avantages.

X. — *Ordre des poursuites. — Poursuites collectives.*

L'article 27 du règlement d'administration publique a précisé l'ordre d'après lequel la demande de payement devait être adressée à l'un et à l'autre de ces débiteurs. C'est à l'assujetti que le percepteur doit, en premier lieu, rappeler l'obligation de payer ; il emploie, à cet effet, les sommations sans frais et avec frais ; si l'envoi de ces formules n'a déterminé, dans le délai fixé par la dernière sommation, aucun versement de la part de l'assujetti, l'action du comptable est de ce côté tenue en suspens, il est obligé d'abandonner momentanément le débiteur principal, oublieux de sa dette, et de tenter le recouvrement en faisant intervenir la garantie de l'ascendant responsable.

Au moyen d'un avertissement spécial accompagné d'une sommation sans frais, le percepteur indique à ce débiteur (1) subsidiaire le montant de la taxe, et l'informe du non-payement de la cotisation par l'assujetti ainsi que de l'obligation qui lui est désormais imposée d'acquitter personnellement la dette de son fils ou de son petit-fils. L'insuccès de la première demande faite au dispensé autorisant à présumer que de nouvelles démarches pour les douzièmes suivants resteraient également sans résultat, l'ascendant est directement mis en cause à l'échéance des douzièmes restant à courir. C'eût été, en effet, entourer le recouvrement d'inutiles complications que de contraindre le percepteur à s'adresser successivement aux deux débiteurs au fur et à mesure de l'exigibilité d'un nouveau terme.

Des poursuites sont, s'il y a lieu, exercées contre l'ascendant responsable, et le percepteur ne peut revenir au principal obligé qu'après avoir acquis la preuve de l'insolvabilité de l'ascendant, mais la dette de l'assujetti s'accroît des frais infructueux précédemment engagés contre ses parents, parce que ces frais sont nés de sa résistance ou de son défaut de diligence à répondre à la demande de payement qu'il avait personnellement reçue.

La responsabilité de l'assujetti, en ce qui concerne les frais exposés contre l'ascendant, ne s'applique toutefois, comme il est dit au paragraphe 15, qu'aux frais antérieurs à la constatation de la pénalité, c'est-à-dire aux sommations et au premier commandement. (*Décret du* 30 *décembre* 1890, *art.* 29.)

En résumé, la procédure spéciale à la taxe militaire, au cas où il devient nécessaire de mettre en œuvre les procédés coercitifs, doit suivre la marche ci-après :

1° Sommations sans frais et avec frais à l'assujetti, débiteur principal ;

2° Avertissement et sommations sans frais et avec frais à l'ascendant responsable et poursuites subséquentes contre cet ascendant ;

3° Reprise des poursuites contre l'assujetti, en cas d'insolvabilité de l'ascendant.

L'ordre ci-dessus décrit pour l'emploi successif des moyens de rigueur contre l'un et l'autre débiteurs résulte du texte même de

---

(1) Les comptables trouveront à *l'imprimerie et librairie administratives* Paul Dupont, *4, rue du Bouloi, à Paris,* les modèles prescrits par la présente circulaire.

la loi (*art.* 35, § 6), interprété par le règlement d'administration publique (*art.* 27). Le percepteur n'a donc pas la faculté, pour des considérations d'équité ou sous prétexte d'une plus grande facilité dans le recouvrement, d'épuiser en premier lieu les poursuites contre l'assujetti, alors même que ce dernier offrirait des apparences suffisantes de solvabilité. C'est l'ascendant responsable qui le premier doit recevoir commandement de payer et il n'a même pas la possibilité d'invoquer avant de se libérer, le bénéfice de la discussion du principal obligé.

Il est fait usage pour le recouvrement de la taxe militaire de formules spéciales de sommations sans frais et avec frais (mod. nᵒˢ 2 à 5); elles ont été rédigées en des termes qui permettront, le cas échéant, de réclamer par un seul et même acte, le versement de la taxe militaire avec celui des autres contributions dont les redevables, ascendants ou assujettis, pourraient se trouver simultanément débiteurs.

Quant aux commandements venant immédiatement après les sommations avec frais, les formules ordinaires n'en ont pas été modifiées. Il en est autrement, comme il sera dit au paragraphe 13, des commandements signifiés pour contraindre au payement d'une *taxe doublée* et qui succèdent aux exploits de même nature ayant procédé pour la taxe simple.

Lorsque les premiers commandements seront signifiés à des ascendants responsables, le percepteur pourra y faire mention, à côté de la taxe militaire, des contributions directes et autres taxes assimilées dues par les contribuables poursuivis; il aura soin, dans ce cas, de présenter sur une ligne distincte, à la première partie de chaque acte, la situation du retardataire relativement à la taxe militaire.

En ce qui concerne les actes s'adressant aux assujettis, l'énonciation dans un même commandement de la dette sur contributions et de l'arriéré sur la taxe militaire n'est pas permise, du moins tant que l'insolvabilité de l'ascendant responsable n'est pas un fait acquis. Cette prohibition découle des dispositions de la loi qui prescrivent au percepteur, lorsque la cote n'a pas été payée par l'assujetti dans le délai fixé par la *dernière sommation,* de s'adresser à l'ascendant responsable et d'abandonner momentanément les poursuites contre le principal obligé.

Dans le cas de poursuites exercées collectivement pour la taxe militaire et pour d'autres contributions, les percepteurs auront soin, en vue de rendre plus aisée la vérification de la Recette particulière, de consacrer sur les contraintes deux lignes pour chaque débiteur : l'une sera affectée aux contributions, l'autre, précédée de l'indication abrégée « *Tax. milit.* », présentera isolément la situation du retardataire à ce point de vue spécial. Ces deux lignes seront réunies par une accolade et le total général des sommes pour lesquelles a lieu la poursuite ressortira dans la colonne *ad hoc*.

Il est très important, et la vigilance des chefs de service devra s'exercer principalement à cet égard, que le calcul des douzièmes de retard relatif à la taxe militaire soit fait par les comptables avec la plus scrupuleuse exactitude.

Lorsqu'un assujetti, débiteur de diverses dettes, se présentera pour verser un acompte, sans désignation expresse de l'article qu'il entend acquitter, le percepteur, après avoir prélevé, s'il y a lieu, les frais de poursuites, imputera de préférence le payement sur la taxe militaire. A raison de la pénalité qui lui est propre, cette taxe constitue la dette la plus onéreuse, celle par conséquent que le débiteur passe pour avoir le plus d'intérêt à acquitter. S'il y avait eu émission de contrainte extérieure, il importerait d'avertir sans retard le comptable intéressé de la perception ainsi effectuée.

Le même mode d'imputation devra être suivi pour les versements effectués postérieurement à la remise de l'avertissement spécial par l'ascendant responsable de la taxe militaire.

Remarque est faite à ce sujet que si l'assujetti ou l'ascendant, usant du droit que l'article 1253 du Code civil reconnaît à tout débiteur, déclarait qu'il entend imputer son payement sur une autre dette de contribution, même non échue, le percepteur devrait souscrire une quittance conforme à l'imputation réclamée par la partie versante.

Il importe également de prévoir le cas où, déterminé par les poursuites faites à son ascendant, l'assujetti se déciderait à venir se libérer. Il serait du devoir du percepteur d'accepter les deniers offerts, même s'ils ne couvraient pas intégralement les termes exigibles, et de bien faire remarquer, le cas échéant, au débiteur, que le retard de payement a motivé un doublement de taxe et que les poursuites seront continuées jusqu'à complète libération. De même, si une contrainte extérieure avait été émise, le percepteur émetteur devrait déclarer à la partie versante et énoncer sur la quittance qu'il accepte le versement, mais sans préjudice des frais et de la double taxe que le comptable qui a reçu la contrainte a pu constater à la charge de l'ascendant. Il aurait soin de prévenir immédiatement son collègue du recouvrement opéré afin d'éviter une double perception.

L'obligation pour les ascendants de payer, à défaut de l'assujetti, subsiste tant que le principal de leur cote personnelle-mobilière entre dans la composition de la taxe militaire de leur fils ou petit-fils. L'inscription au rôle et la responsabilité des parents sont corrélatives : elles prennent fin quand le débiteur principal réunit les conditions d'âge et de domicile mentionnées au paragraphe 3 de l'article 35 de la loi, c'est-à-dire quand l'assujetti a 30 ans et un domicile distinct de celui de ses ascendants avant le 1ᵉʳ janvier de l'imposition. L'agent du recouvrement n'a pas, au surplus, à se faire juge de la régularité des indications portées sur le rôle et il ne peut, quand il est mis sur la trace d'une erreur, qu'agir par voie de conseil auprès des intéressés, en leur donnant les renseignements nécessaires à l'exercice de leur droit de réclamation.

XI. — *Pénalité pour retard de payement.*

La **taxe militaire** introduit dans le régime des contributions directes une particularité d'un caractère nouveau : une sanction pénale est infligée aux débiteurs retardataires. Elle consiste dans le doublement de l'arriéré lorsque le retard de payement se prolonge au delà d'une certaine période.

Le dernier alinéa du paragraphe 6 de l'article 35 est ainsi conçu :

« En cas de retard de payement de trois douzièmes consécutifs « constaté par un commandement resté sans effet, il sera dû une « *taxe double* pour les douzièmes échus et non payés. »

L'arrêté apposé par le préfet au pied des rôles de la taxe militaire, pour les rendre exécutoires, mentionne, en conformité de cette disposition, l'injonction aux percepteurs d'avoir à recouvrer éventuellement la double taxe exigible des retardataires. (*Décret du* 30 *décembre* 1890, *art.* 13.)

Deux conditions sont requises pour donner ouverture au double droit ; il faut :

1° Un retard de payement de trois douzièmes consécutifs ;

2° La constatation de ce retard par un commandement resté sans effet.

Ni la loi (art. 35, § 6 *in fine*), ni le règlement d'administration publique (art. 28) n'ont déterminé d'une façon explicite ce qu'il fallait entendre par un commandement *resté sans effet ;* mais il résulte des débats auxquels cette expression a donné lieu devant le Conseil d'État, que le commandement inefficace, dans le sens des articles précités, est celui qui n'a pas été suivi de libération dans le délai qu'il indique.

Le règlement sur les poursuites (art. 63) accorde aux retardataires poursuivis par commandement trois jours francs pour y satisfaire, faute de quoi le débiteur peut être contraint par toutes les voies de droit, notamment par la saisie-exécution et la vente de ses meubles et récoltes.

Le défaut de payement dans ce même intervalle de trois jours aura pour les débiteurs de taxe militaire une autre conséquence, un effet grave et immédiat qu'il ne dépendra pas de la volonté du percepteur d'ajourner ou d'accélérer. A l'expiration du délai, il sera dû une *taxe double égale au montant des douzièmes échus et non payés*.

Il est dès à présent rappelé qu'il est de principe, en procédure, que le jour de la signification d'un acte, ni celui de l'échéance ne sont comptés dans le délai, et que si le dernier jour est un jour férié, le délai est prorogé au lendemain. (Code de procédure civile art. 1033.)

Pour déterminer le supplément de taxe encouru à raison du retard de payement, le percepteur double les douzièmes mentionnés au commandement, ou la fraction restée impayée s'il y a eu acompte versé depuis la signification. Il ne fait pas état, pour le calcul de la double taxe, du nouveau douzième qui pourrait être arrivé à échéance dans l'intervalle des trois jours fixés pour le payement.

Soit, par exemple, un commandement signifié le 28 avril et procédant pour trois douzièmes d'une taxe militaire annuelle de 24 francs, c'est-à-dire pour un arriéré de 6 francs. Le débiteur ne se libère pas. A partir du 2 mai (du 3 si le 2 est un jour férié), la dette exigible est accrue, du fait de la pénalité, d'une autre somme de 6 francs : en y comprenant le douzième nouvellement échu, elle s'élève à 14 francs.

Afin que le décompte de la double taxe puisse être établi ultérieurement sans difficulté, le comptable a soin, en remettant à l'agent de poursuites la contrainte relative aux commandements de s'assurer que la *somme exigible* réclamée au titre de la taxe militaire est exactement calculée; il opère, s'il y a lieu, à l'encre rouge, les rectifications nécessaires sur les deux expéditions de la contrainte et, en cas de poursuites collectives, il porte sur une ligne distincte, à la première partie de chaque formule de commandement, la dette de la taxe militaire.

XII. — *Avis officieux à joindre aux commandements.*

Il est recommandé aux percepteurs de multiplier les démarches et avis officieux pour amener les débiteurs à se libérer sans délai; ils signaleront aux retardataires la double importance du commandement, en matière de taxe militaire, c'est-à-dire la saisie dont ils sont menacés et l'aggravation de la dette qui les atteindra si dans les trois jours satisfaction complète n'est pas donnée au commandement. La forme la meilleure, pour donner cet avertissement comminatoire, a paru consister dans un bulletin (mod. n° 9) qui sera épinglé par les soins du percepteur à la droite de tous les commandements réclamant un versement égal ou supérieur à trois douzièmes de la taxe.

Si l'arriéré était inférieur à trois douzièmes, il n'y aurait pas lieu d'annexer le bulletin aux commandements à signifier, pour ce motif que le défaut de libération dans les trois jours ne rendrait pas le redevable passible de la pénalité. On a vu, en effet, que la loi faisait dépendre le doublement de la dette de la réunion de deux conditions : d'abord d'un retard de trois douzièmes, ensuite de la constatation de ce retard dans un exploit de commandement. Il résulte de ces dispositions qu'un commandement décerné pour avoir payement, par exemple, de deux douzièmes et auquel il ne serait satisfait que le quatrième ou le cinquième mois de sa date à une époque par conséquent où le retard excéderait la limite pénale, ne motiverait cependant pas le doublement des termes exigibles, parce qu'au moment de la signification il y manquait les conditions prévues par l'article 35, § 6 de la loi.

Afin d'éviter cette anomalie et de ne pas mettre abusivement à d'abri de la pénalité, par la notification hâtive d'un commandement, les débiteurs de taxe militaire, les receveurs particuliers s'attacheront, sauf le cas d'urgence, à ne pas autoriser de poursuite par commandement tant que l'arriéré n'atteindra pas le minimum de trois douzièmes ou bien s'ils ont, comme dans les villes, la possibilité de faire exécuter rapidement les poursuites, ils veilleront à ce que les retardataires auxquels un commandement aurait été fait pour un ou deux termes de la taxe ne bénéficient pas de délais excessifs et ne jouissent ainsi, par rapport aux autres contribuables poursuivis, d'une situation privilégiée.

XIII. — *Constatation des doubles taxes et contrainte spéciale*.

Le lendemain de l'expiration du délai accordé par le commandement, le percepteur constate les suppléments de taxe devenus exigibles en sus des rôles pour retard de payement; il dresse, en double expédition, l'état (mod. n° 6) des retardataires récalcitrants que ces doubles droits concernent, l'adresse au receveur particulier pour que le montant en soit arrêté par le chef de service et requiert la délivrance de la contrainte spéciale libellée au verso de l'état. En exécution de cette contrainte, il est procédé à la signification d'un *commandement spécial* à la taxe militaire et motivé par le doublement de la dette.

Pour la rédaction de ces commandements, les porteurs de contraintes sont approvisionnés par les soins des receveurs particuliers.

L'article 28 du décret du 30 décembre 1890 considère que le contribuable poursuivi, du moment qu'il a encouru la double taxe, est devenu débiteur d'une dette nouvelle et qu'il est juridiquement indispensable, si l'on veut être en mesure de comprendre le montant de la pénalité dans les causes de la saisie, de réitérer au préalable le commandement de payer. Cette disposition offre quelque analogie avec la pratique recommandée par la note (1) de l'article 43 *bis* du règlement sur les poursuites pour le cas d'un contribuable poursuivi à raison de contributions d'anciens exercices et devenant débiteur sur un rôle nouvellement émis. La seule différence, en ce qui concerne la taxe militaire, c'est que le percepteur est dispensé de renouveler les sommations. L'article 28 du décret l'autorise à procéder par voie de commandement sans passer par les autres degrés de poursuites.

Il arrivera nécessairement, surtout dans les perceptions rurales, que les porteurs de contraintes ne seront pas toujours disponibles pour notifier, aussi promptement qu'il conviendrait, le comman-

----

(1) Cette note est ainsi conçue :

« Lorsqu'un débiteur, poursuivi pour des contributions d'anciens exercices,
« devient débiteur sur un rôle nouvellement émis, il convient de laisser les
« poursuites commencées en l'état où elles se trouvent (sauf, s'il y avait à
« craindre la disparition du gage du Trésor, à les pousser exceptionnellement
« jusqu'à la saisie) et de recommencer tous les degrés de poursuites pour la
« nouvelle dette, en comprenant toutefois l'ancienne dette dans les actes à
» signifier. »

dement spécial à la double taxe ; les chefs de service veilleront à ce que l'exécution des contraintes relatives à la pénalité tarde le moins possible.

Il importe de ne pas perdre de vue que les douzièmes échus sont doublés dès le 4ᵉ jour du commandement resté sans effet ; c'est l'échéance du délai qui, *ipso facto*, fait naître la dette supplémentaire ; la rédaction d'un état des retardataires n'a d'autre but que de *constater* les doubles droits dans un titre, de même que la contrainte dont il est revêtu ne fait que donner l'exécution forcée à ce titre.

Les receveurs des finances devront donc faire en sorte que l'une des expéditions de l'état des retardataires soit renvoyée sans retard aux percepteurs afin que ceux-ci, nantis d'un titre régulier de recouvrement, puissent émarger en présence des parties versantes les payements qui leur seront faits. Si des versements de doubles taxes sont offerts aux comptables avant le renvoi du titre de recettes, les émargements seront provisoirement opérés sur la contrainte relative aux premiers commandements, en regard de la ligne consacrée à la taxe militaire du débiteur et dans la colonne destinée aux observations ; à la réception de l'état des retardataires (mod. n° 6), les percepteurs y émargeront les sommes consignées par ces derniers, et ils auront soin, lorsque l'agent de poursuites se présentera porteur de l'autre expédition de la contrainte, de rayer les noms des contribuables qui se seront libérés avant le second commandement.

Les délais fixés pour le recouvrement et l'apurement des rôles de la taxe militaire et des états de doubles taxes sont les mêmes que ceux accordés pour les autres contributions par les articles 93, 95 et 1124 de l'Instruction générale du 20 juin 1859.

S'il se produisait des cas où la situation des retardataires fût vraiment digne d'intérêt, que la double taxe eût été encourue par suite d'un retard tenant à des circonstances excusables, il appartiendrait aux percepteurs de rappeler aux contribuables qu'ils ont la faculté de s'adresser à la juridiction gracieuse du préfet en vue d'obtenir la remise des douzièmes doublés.

XIV. — *Exceptions au doublement des douzièmes de retard.*

Le délai réglementaire du 30 décembre 1890 (art 32 et 40) prévoit deux exceptions à l'exigibilité des douzièmes moratoires.

La première concerne les sommes dues en vertu de rôles complémentaires.

Aux termes de l'article 14 du décret, les agents de l'assiette sont autorisés à reprendre par voie de rôles complémentaires annuels les jeunes gens qui, passibles de la taxe à raison de leur situation antérieure au 1er janvier, n'auraient pas figuré aux rôles primitifs, par suite de renseignements insuffisants sur leur situation contributive. Les cotes inscrites sur ces rôles complémentaires ne sont pas soumises au mode de payement par douzième. Le recouvrement en est suivi conformément aux dispositions de l'article 61 de l'Instruction générale du 20 juin 1859 et de l'article 29 de la loi du 15 juillet 1880 sur les patentes, c'est-à-dire que la taxe se fractionne, pour le payement, en autant de termes qu'il reste de mois à courir depuis l'émission du rôle.

Ce système de division étant un obstacle légal à l'application d'une pénalité prévue seulement pour des retards de *douzièmes*, la nécessité s'est imposée de ne recouvrer qu'en droits simples les cotisations des rôles complémentaires.

La seconde exception vise les cotes dues par les contribuables en réclamation.

On sait que les contribuables qui ont formé des demandes en dégrèvement ne peuvent, sous prétexte de réclamation, différer le payement des sommes qui viennent à échoir pendant les trois mois impartis pour le jugement de leurs requêtes (*Loi du 21 avril 1832, art.* 28). Ce sont ces trois douzièmes dont le percepteur est en droit d'exiger le payement, malgré la réclamation pendante, que le règlement d'administration publique a mis temporairement à l'abri de la pénalité. En effet, l'immunité de la double taxe n'est dans ce cas que provisoire, elle dure tant que dure le litige et ces trois douzièmes doubleraient comme les autres si, après notification de la décision rendue, ils venaient à figurer sur un commandement non suivi de libération dans les trois jours.

XV. — *Caractère personnel de la pénalité.*

L'amende des doubles taxes ainsi que les frais de poursuites corrélatifs sont exclusivement supportés par celui, ascendant ou assujetti, à l'égard duquel le retard a été constaté ou par ses héritiers. (*Décret du* 30 *décembre* 1890, *art.* 29.) Autrement dit, si le percepteur ne peut obtenir payement d'un ascendant devenu passible de la pénalité, il n'a pas le droit de réclamer ce supplément d'impôt à l'assujetti, à moins toutefois que la succession de l'ascendant ne soit ouverte et que l'assujetti n'ait la qualité d'héritier. La double taxe, s'il n'est pas possible de la faire acquitter à celui qui l'a personnellement encourue ou à ses héritiers, doit être présentée en non-valeurs avec les frais non recouvrés qu'elle a nécessités. Seuls, les frais antérieurs au commandement spécial s'ajoutent de plein droit à la dette de l'assujetti envers le Trésor (§ 10).

XVI. — Contraintes extérieures.

L'inscription des ascendants responsables sur les rôles de la taxe militaire est de nature à multiplier l'émission des contraintes extérieures. Il arrivera assez fréquemment, en effet, que l'ascendant n'habitera pas dans le même arrondissement que l'assujetti, et le non-payement de la cotisation par ce dernier obligera le percepteur du lieu de l'impôt à faire opérer le recouvrement au domicile de l'ascendant. Il sera fait usage à cet effet des formules ordinaires de contrainte extérieure.

L'article 59 du Règlement sur les poursuites autorise les percepteurs à procéder immédiatement par voie de commandement contre les contribuables retardataires domiciliés hors du département dans lequel ils sont imposés. Cette faculté d'éluder le premier degré n'a pas été maintenue pour la taxe militaire lorsque la poursuite visera un ascendant responsable. Ce dernier mérite, en effet, plus que le principal obligé, que l'on use à son égard de ménagements dans l'emploi des moyens de contrainte. Si l'assujetti sait par avance qu'il est passible d'une taxe militaire, s'il est en faute de l'ignorer, il n'en est pas de même de l'ascendant qui peut-être ne soupçonne pas que le principal de sa contribution personnelle-mobilière est entré dans le calcul de la cotisation de l'assujetti, que ce fait a déterminé son inscription au rôle et l'a rendu codébiteur, responsable du non-payement. Soumettre l'ascendant à des poursuites par commandement aussitôt après l'envoi d'un avertissement, et l'exposer à encourir, à brève échéance, une double taxe, eût été d'une rigueur excessive; de là le tempérament apporté aux dispositions de l'article 59 précité et *la nécessité, pour le percepteur, de commencer les poursuites contre l'ascendant responsable par la sommation avec frais, sans distinguer si la contrainte extérieure est ou non mise en recouvre-*

ment dans le département d'origine. (Décret du 30 décembre 1890 art. 27.)

Si le percepteur qui a reçu la contrainte extérieure est appelé à constater une double taxe, il prend définitivement charge dans sa comptabilité des douzièmes doublés ainsi que des frais corrélatifs (commandement spécial, saisie et vente) exposés en vue de cet accroissement d'impôt. Cette disposition s'étend même au cas où la constatation du supplément de taxe n'a pas été suivie du recouvrement.

Il en résulte que le comptable émetteur ne connaît dans ses écritures ni de la pénalité ni des frais postérieurs au premier commandement que la mise à exécution de la contrainte a fait naître dans une autre perception.

L'admission en non-valeurs des doubles droits et frais correspondants est suivie pour son propre compte par le percepteur qui a eu sujet de constater le retard de payement ; il inscrit à cet effet sur ses états de cotes irrecouvrables ces doubles droits et frais à la suite des cotisations provenant des rôles dont il a personnellement la responsabilité d'opérer le recouvrement.

La justification de l'irrecouvrabilité consiste dans des duplicata certifiés par les receveurs des finances des pièces constatant l'insolvabilité (certificats d'indigence, procès-verbaux de carence), pièces qui ont été renvoyées au comptable expéditeur avec la contrainte non recouvrée.

Les questions ayant trait à la présentation, à l'examen et à l'admission des cotes indûment imposées et irrecouvrables, et des non-valeurs constatées sur les états de doubles taxes seront, au surplus, résolues dans des instructions complémentaires qui seront ultérieurement adressées aux comptables.

XVII. — *Remises des percepteurs.*

Les frais de perception fixés au taux de 3 0/0 sont perçus par addition aux rôles et calculés sur le montant de la taxe en principal augmenté des 5 centimes pour fonds de non-valeurs. Si une double taxe est encourue pour retard de payement, les frais de perception doublent également de même que les centimes du fonds de non-valeurs. L'attribution des remises est faite aux intéressés en vertu de mandats des préfets et aux époques fixées pour le payement des autres taxes assimilées. Le montant en est inscrit sur l'état n° 252 dans la colonne affectée aux remises sur taxes assimilées, mais comme les frais de perception de la taxe militaire sont supportés par le budget des dépenses sur ressources spéciales, il n'y a pas lieu d'en faire mention au décompte définitif des remises.

Il est alloué d'autre part aux percepteurs deux centimes par article, pour frais de distribution des premiers avertissements aux assujettis (mod. n° 10) ; quant aux avertissements destinés aux ascendants responsables, dans les cas où il est nécessaire de les appeler en garantie, aucune rétribution n'est prévue pour cet objet et ils doivent être transmis gratuitement aux intéressés.

XVIII. — Écritures des percepteurs.

Pour décrire les opérations ayant trait à la taxe militaire, les percepteurs ouvriront à la 2ᵉ section du livre des comptes divers deux comptes intitulés, l'un *Taxe militaire*, affecté aux recouvrements opérés en vertu des rôles, l'autre *Taxe militaire : douzièmes doublés*, servant à constater les recouvrements effectués en sus des rôles émis. Ils y porteront par journée les recettes inscrites au journal à souche et d'autre part les versements faits aux receveurs des finances à chacun de ces comptes.

Les titres de perception à l'appui des recettes portées au compte : *Taxe militaire : douzièmes doublés*, consistent dans les états revêtus des contraintes spéciales dont il a été parlé au § 13 de la présente circulaire. Le montant des états des retardataires passibles de la pénalité est inscrit dans des colonnes distinctes pour les divers exercices, et les doubles taxes appartiennent à *l'année pendant laquelle elles ont été constatées* par le percepteur.

. . . .

Recevez, etc.

Le Directeur général de la Comptabilité publique,
LANJALLEY.

ANNEXE N° I. — CIRCULAIRE DU 30 JUIN 1891.

DÉCRET portant règlement d'administration publique sur la taxe militaire, en exécution de l'article 35 de la loi du 15 juillet 1889 sur le recrutement de l'armée.

(30 décembre 1890.)

Le Président de la République française,

Sur le rapport du Ministre des finances ;

Vu l'avis des Ministres de la guerre et de la marine, et du Ministre du commerce, de l'industrie et des colonies ;

Vu la loi du 15 juillet 1889 sur le recrutement de l'armée, notamment l'article 35, ainsi conçu :

« § 1er. A partir du 1er janvier qui suivra la mise en vigueur « de la présente loi, seront assujettis au payement d'une taxe mili- « taire annuelle ceux qui, par suite d'exemption, d'ajournement, de « classement dans les services auxiliaires ou dans la seconde partie « du contingent, de dispense, ou pour tout autre motif, bénéfi- « cieront de l'exonération du service dans l'armée active.

« § 2. Sont seuls dispensés de cette taxe :

« 1° Les hommes réformés ou admis à la retraite pour blessures « reçues dans un service commandé ou pour infirmités contractées « dans les armées de terre ou de mer ;

« 2° Les contribuables se trouvant dans un état d'indigence notoire.

« § 3. La taxe militaire se compose de : 1° une taxe fixe de six « francs (6 fr.) ; 2° une taxe proportionnelle égale au montant en « principal de la cote personnelle et mobilière de l'assujetti.

« Si cet assujetti a encore ses ascendants du premier degré ou « l'un d'eux, la cote est augmentée du quotient obtenu en divisant « la cote personnelle et mobilière de celui de ses ascendants qui est « le plus imposé à cette contribution, en principal, par le nombre « des enfants vivants et des enfants représentés dudit ascendant

« Au cas de non-imposition des ascendants du premier degré, « il sera procédé comme il vient d'être dit sur la cote des ascen- « dants du second degré, en tenant compte des enfants de l'ascen- « dant de chaque degré.

« Il n'est plus tenu compte dela cote des ascendants lors que

***

« l'assujetti a atteint l'âge de trente ans révolus et qu'il a un domi-
« cile distinct de celui de ses ascendants.

« Les cotisations imposables sont celles qui sont portées aux
« rôles de la commune du domicile des contribuables. Elles sont
« déterminées sans égard aux prélèvements qui peuvent servir à
« les acquitter sur les produits de l'octroi.

« § 4. La taxe fixe et la taxe proportionnelle sont réduites à
« proportion du temps pendant lequel l'assujetti n'a pas bénéficié
« de l'exonération établie à son profit dans le service de l'armée
« active.

« La taxe fixe n'est pas due par les hommes exemptés pour des
« infirmités entraînant l'incapacité absolue du travail.

« § 5. La taxe est établie au 1er janvier pour l'année entière.

« Elle cesse par trois ans de présence effective des assujettis
« sous les drapeaux ou par leur inscription sur les registres
« matricules de l'inscription maritime.

« Elle cesse également à partir du 1er janvier qui suit le passage
« de la classe de l'assujetti dans la réserve de l'armée territoriale.

« Tout mois commencé est exigible en entier.

« § 6. La taxe militaire est due par l'assujetti. A défaut de
« payement constaté par une sommation restée sans effet, elle est
« payée en son acquit par celui de ses ascendants dont la cotisa-
« tion a été prise pour élément du calcul de la taxe, conformé-
« ment au paragraphe 3° du présent article. Les ascendants ne
« sont plus responsables quand la taxe cesse d'être calculée sur
« leur cote, conformément au paragraphe 3° ci-dessus.

« La taxe est exigible dans la commune où le redevable a son
« domicile à la date du 1er janvier.

« Elle est recouvrée et les demandes en remise ou en décharge
« sont instruites et jugées comme en matière de contributions
« directes.

« En cas de retard de payement de trois douzièmes consécutifs
« constaté par un commandement resté sans effet, il sera dû une
« taxe double pour les douzièmes échus et non payés.

« § 7. Il est ajouté au montant de la taxe :

« 1° Cinq centimes par franc pour couvrir les décharges ou
« remises ainsi que les frais d'assiette et de confection des rôles.
« En cas d'insuffisance, il est pourvu au déficit par un prélèvement
« sur le montant de la taxe ;

« 2° Trois centimes par franc pour frais de perception.

« § 8. Un règlement d'administration publique déterminera les
« mesures nécessaires pour l'exécution du présent article, qui
« n'aura pas d'effet rétroactif ; »

Le Conseil d'État entendu.

Décrète :

CHAPITRE PREMIER.

DE L'ASSIETTE DE LA TAX .

Art. 1er. — La taxe militaire est due à partir du 1er janvier qui
suit l'appel à l'activité de la classe à laquelle appartient l'assujetti. Elle est établie à raison des faits existants au 1er janvier.

Art. 2. — L'homme présent sous les drapeaux au 1er janvier,
comme incorporé dans l'armée active, n'est pas imposable à la
taxe militaire.

Art. 3. — La taxe militaire annuelle calculée conformément aux
dispositions du troisième paragraphe de l'article 35 de la loi du
15 juillet 1889 sur le recrutement de l'armée, est réduite, par application des dispositions du quatrième paragraphe du même article,
d'un trente-sixième pour chaque mois de service accompli par
l'assujetti, alors même que la durée de son service ne constitue-
rait pas une période ininterrompue. Il n'est pas tenu compte des
fractions de mois.

Art. 4. — Pour l'application des dispositions qui précèdent, il
n'est pas fait état au profit de l'intéressé de tout service accompli
à titre d'exercices ou manœuvres et de tout service accompli, en
temps de paix, au titre de la réserve de l'armée active, de l'armée
territoriale ou de la réserve de l'armée territoriale.

Art. 5. — Ne sont pas imposables à la taxe militaire les hommes
qui ont accompli dans l'armée active la durée de service fixée par
les articles 37 et 40 de la loi sur le recrutement, alors même que,
par application des dispositions de ce dernier article, ils auraient
été incorporés postérieurement au 1er novembre ou renvoyés dans
leurs foyers antérieurement au 31 octobre.

Art. 6. — Dans le cas prévu au troisième alinéa du paragraphe 3
de l'article 35 de la loi sur le recrutement, l'augmentation à faire
subir à la cote de l'assujetti est déterminée en divisant la cote personnelle-mobilière en principal de l'ascendant du second degré
par le nombre des enfants vivants ou représentés dudit ascendant
et en subdivisant le quotient ainsi obtenu par le nombre des

enfants vivants ou représentés de l'ascendant du premier degré.

Art. 7. — Le montant de chaque cotisation est augmenté de 5 cen -
times par franc destinés à couvrir les décharges ou remises, ains
que les frais d'assiette et de confection des rôles.

Il est en outre ajouté au total de la cotisation, y compris le
montant des 5 centimes prévus au paragraphe précédent, 3 centimes par franc pour frais de perception.

Art. 8. — Les jeunes gens qui bénéficient de la dispense prévue à
l'article 50 de la loi sur le recrutement sont imposables dans la
commune où ils ont leur domicile au point de vue du service militaire, tel qu'il est défini à l'article 13 de ladite loi.

<h2 style="text-align:center">CHAPITRE II.</h2>

DE L'ÉTAT-MATRICE ET DES RÔLES.

Art. 9. — La taxe militaire est assise avec l'assistance des
maires, par les agents de l'administration des contributions directes.

Dans le cas de dissentiment entre le maire et les agents de l'administration des contributions directes, le directeur soumet la difficulté au préfet avec son avis motivé. Si le préfet n'adopte pas les
propositions du directeur, il en est référé au Ministre des finances.

Art 10. — L'état-matrice et les rôles de la taxe militaire présen-
tent, d'une part, les nom, prénoms et résidence des assujettis, et,
d'autre part, le détail des bases d'imposition.

Ils indiquent les nom, prénoms et résidence de l'ascendant
déclaré responsable par le paragraphe 6 de l'article 35 de la loi sur
le recrutement.

Art. 11. — Ne sont pas compris à l'état-matrice et aux rôles les
jeunes gens qui sont indigents et dont les ascendants responsables sont également en état d'indigence notoire.

Pour l'application de la disposition qui précède, l'état d'indigence notoire résulte : 1° des décisions prises, par les conseils
municipaux, pour l'assiette de la contribution personnelle-mobilière, en exécution de l'article 18 de la loi du 21 avril 1831 ; 2° de
décisions spéciales que prennent ces conseils, lorsque l'intéressé
ne figure pas au rôle de la contribution personnelle-mobilière,
non pour cause d'indigence, mais comme ne jouissant pas de ses
droits.

Art. 12. — Les agents des contributions directes maintiennent
à l'état-matrice et aux rôles des communes où ils étaient imposés

au 1ᵉʳ janvier précédent, et sur le pied de leur cotisation antérieure, les assujettis qui, ayant quitté leur domicile antérieurement au 1ᵉʳ janvier, n'ont pas fait à la mairie, avant le 15 février, une déclaration indiquant le lieu de leur nouvelle résidence.

Art. 13. — Les rôles de la taxe militaire sont arrêtés et rendus exécutoires par le préfet. L'arrêté du préfet mentionne l'injonction aux percepteurs d'avoir à recouvrer éventuellement la taxe double prévue à l'alinéa final du paragraphe 6 de l'article 35 de la loi sur le recrutement.

Art. 14. — Sont imposables au moyen de rôles complémentaires les jeunes gens qui, passibles de la taxe militaire à raison de leur situation antérieure au 1ᵉʳ janvier, ne figureraient pas aux rôles primitifs.

Ces rôles complémentaires indiquent les noms, prénoms et ré sidences des ascendants responsables.

CHAPTIRE III.

DES RENSEIGNEMENTS A FOURNIR PAR LES AUTORITÉS CIVILES,
MILITAIRES ET MARITIMES

Art. 15. — Les conseils de revision spécifient, dans les décisions portant exemption qu'ils prennent en exécution de l'article 20 de la loi sur le recrutement, si les infirmités comportant l'exemption entraînent ou non l'incapacité absolue de travail.

Mention est faite de cette décision sur les certificats prévus audit article 20.

Art. 16. — Les préfets communiquent sans déplacement au service des contributions directes des listes du recrutement cantonal et les procès-verbaux des séances du conseil de revision relatives aux opérations concernant les hommes de la classe appelée à l'activité, ainsi que les soutiens de famille et les ajournés.

Art. 17. — Les préfets communiquent sans déplacement au service des contributions directes les déclarations prévues à l'article 30 de la loi sur le recrutement en ce qui concerne les renonciations à la qualité d'inscrits maritimes.

Art. 18. — Les préfets informent le service des contributions directes des engagements volontaires contractés conformément à l'article 62 de la loi sur le recrutement. A cet effet, les maires des chefs-lieux de canton portent à la connaissance des préfets les engagements contractés devant eux.

Art. 19. — Les conseils d'administration des corps de troupe et des divisions des équipages de la flotte communiquent au service des contributions directes tous les renseignements relatifs aux circonstances comportant une abréviation de la durée du service militaire, telle qu'elle résultait des décisions des conseils de revision. Ces communications ont lieu par l'intermédiaire du préfet du département où l'intéressé a satisfait à la loi du recrutement, et au moyen de bulletins individuels établis au moment même où se produisent les faits.

Elles comprennent notamment :

1° Les concessions de congés par les chefs de corps, à titre de soutiens indispensables de famille, dans les conditions prévues à l'article 22 de la loi sur le recrutement;

2° Les dispenses accordées par l'autorité militaire ou maritime en vertu des articles 1er, § 3, et 35 du règlement d'administration publique du 23 novembre 1889;

3° Les réformes par congés dits *n° 2*, lorsque les hommes réformés ont moins de trois ans de service;

4° Les passages dans la disponibilité en vertu des articles 39 et 46 de la loi sur le recrutement;

5° Les non-présences sous les drapeaux résultant soit de l'insoumission, soit de la désertion des hommes ayant moins de trois ans de service.

6° Les décès, les réformes par congé dits *n° 1*, les retraites pour blessures ou infirmités, lorsqu'il s'agit d'hommes ayant moins de trois ans de service.

Art. 20. — Les conseils d'administration des corps de troupe et des divisions des équipages de la flotte informent l'administration des contributions directes, selon le mode prévu à l'article précédent, des circonstances comportant un accroissement de la durée du service militaire telle qu'elle résultait des décisions des conseils de revision ou des décisions de l'autorité militaire ou maritime dûment notifiées en vertu dudit article.

Ces communications comprennent notamment les maintiens ou rappels sous les drapeaux prévus aux articles 24, 25, 47 et 81 (avant-dernier paragraphe) de la loi sur le recrutement.

Art. 21. — Toute circonstance comportant une abréviation de la durée du service militaire telle qu'elle résultait des faits notifiés en vertu de l'article qui précède donne lieu à de nouvelles communications, lesquelles s'effectuent suivant le mode déterminé à l'article 19 du présent décret.

Art. 22. — Lorsqu'un homme ayant moins de trois ans de service militaire dans l'armée active vient à être inscrit sur les contrôles de l'inscription maritime, le commissaire de l'inscription maritime en donne avis au préfet du département où cet homme est passible de la taxe. Cette notification a lieu dans les quinze jours de l'immatriculation.

Art. 23. — La gendarmerie de chaque localité transmet immédiatement au préfet du département, aux moyens de bulletins individuels, tous les renseignements qui lui sont fournis en vertu de l'article 55 de la loi sur le recrutement, relativement aux changements de domicile ou de résidence des hommes ayant moins de trois ans de service dans l'armée active. Ces renseignements sont communiqués par le préfet au service des contributions directes.

Art. 24. — Les commandants des bureaux de recrutement sont tenus de répondre par des extraits individuels du registre matricule prévu à l'article 36 de la loi sur le recrutement, aux demandes de renseignements qui leurs sont adressées par les préfets pour servir à l'assiette ou au recouvrement de la taxe militaire.

Les commissaires de l'inscription maritime sont soumis aux mêmes obligations.

Art. 25. — Les modèles des imprimés destinés à l'établissement des bulletins de renseignements prévus au présent chapitre seront arrêtés de concert entre les ministres des finances, de la guerre et de la marine. Les formules imprimées sont fournies par le ministère des finances aux divers services militaires ou maritimes intéressés.

CHAPITRE IV.

DU RECOUVREMENT DE LA TAXE.

Art. 26. — Sont applicables au recouvrement de la taxe militaire les dispositions législatives relatives au recouvrement de la contribution personnelle-mobilière, y compris celles de la loi du 12 novembre 1808 concernant cette contribution et celles de la loi du 5 août 1791 relatives au payement des sommes séquestrées ou déposées. Toutefois ne sont pas applicables à la taxe militaire les dispositions du deuxième paragraphe de l'article 22 et celles de l'article 23 de la loi du 21 avril 1832.

Art. 27. — Pour le recouvrement de la cote que l'assujetti n'a pas payée dans le délai fixé par la dernière sommation précédant le commandement, le percepteur s'adresse à l'ascendant respon-

sable. Il l'informe de sa demande de payement par un avertissement spécial, en suite duquel il est procédé, même dans le cas de
contrainte extérieure, par voie de sommations et de commandement.

Art. 28. — Lorsque l'assujetti ou l'ascendant responsable se
trouve dans le cas prévu à l'alinéa final du paragraphe 6 de l'article 35 de la loi sur le recrutement, le percepteur provoque la
délivrance par le receveur des finances d'une contrainte spéciale
et personnelle. En exécution de cette contrainte, il est procédé
par voie de commandement, sans passer par les autres degrés de
poursuites.

Art. 29. — Le fait d'avoir dirigé des poursuites contre l'ascendant responsable ne fait pas obstacle aux poursuites que le percepteur peut diriger à nouveau contre l'assujetti en cas d'insolvabilité de l'ascendant; les frais de poursuite faits contre ce dernier
s'ajoutent de plein droit à la dette de l'assujetti envers le Trésor
public. Le montant de la double taxe qui aurait été encourue par
l'ascendant, ainsi que les frais de poursuites corrélatifs, sont
portés en non-valeurs.

Art. 30. — La cessation du payement de la taxe militaire par
suite de l'accomplissement de trois années de service dans l'armée
active ou de l'immatriculation sur les registres de l'inscription maritime peut résulter d'une déclaration spéciale faite au percepteur
du lieu où l'assujetti est imposé. Les douzièmes dont le percepteur n'a plus à faire le recouvrement sont passés en non-valeurs.

Art. 31. — Le payement de la taxe militaire est suspendu par
le fait de l'engagement volontaire de l'assujetti.

Les percepteurs sont informés par les soins du préfet des engagements volontaires portés à sa connaissance, conformément aux
dispositions de l'article 18 du présent décret.

Art. 32. — Pour le recouvrement des sommes dues en vertu de
rôles complémentaires émis dans les conditions prévues à l'article 14 du présent décret, les douzièmes échus ne sont pas
immédiatement exigibles; le recouvrement en est fait par portions
égales, en même temps que celui des douzièmes non échus.

La pénalité prévue au dernier alinéa du paragraphe 6 de
l'article 35 de la loi sur le recrutement n'est pas applicable au
recouvrement des sommes dues en vertu des rôles complémentaires.

Art. 33. — En cas de mobilisation, la perception de la taxe militaire est suspendue, sauf pour les insoumis, les déserteurs et les exemptés.

Les douzièmes échus et non payés, ainsi que ceux à échoir pendant la durée de la mobilisation, sont passés d'office en non-valeurs.

CHAPITRE V.

DES RÉCLAMATIONS.

Art. 34. — Les réclamations relatives à la taxe militaire sont formées, instruites et jugées comme en matière de contribution personnelle-moblière. Toutefois le maire est appelé à donner son avis aux lieu et place des répartiteurs.

Art. 35. — L'ascendant responsable de la taxe militaire peut se pourvoir, soit contre la fixation de la cote de l'assujetti, soit contre l'indication concernant sa responsabilité portée au rôle en vertu de l'article 10 du présent décret.

Art. 36. — Le délai pour réclamer ne court contre l'ascendant responsable qu'à partir de la connaissance qu'il a eue de sa responsabilité et de la cote de l'assujetti, par les poursuites dirigées contre lui par le percepteur.

Art. 37. — Le délai pour réclamer ne court contre le contribuable imposé au moyen d'un rôle complémentaire dans les conditions prévues à l'article 14 du présent décret, qu'à partir de la connaissance qu'il a eue de son imposition par les poursuites dirigées contre lui par le percepteur.

Art. 38. — Sont applicables à la taxe militaire les dispositions de l'article 4 de la loi du 29 décembre 1884 et celles des articles 2 et 3 de la loi du 21 juillet 1887.

Les décisions qui seraient obtenues par l'assujetti à la suite de déclarations prévues par l'article 2 de la loi du 21 juillet 1887 ne font pas obstacle aux réclamations qu'il appartiendrait à l'ascendant responsable de former par la voie contentieuse, ni réciproquement.

Art. 39. — Dans le cas de réclamation formée isolément soit par l'assujetti, soit par l'acendant responsable, le conseil de préfecture ordonne, s'il y a lieu, la mise en cause, soit de l'ascendant responsable, soit de l'assujetti. La décision qui intervient est commune aux deux parties portées au rôle de la taxe.

Il en est de même dans le cas de pourvoi devant le Conseil d'État.

Art. 40. — Pendant l'instance en réclamation, la pénalité du doublement de la taxe prévue par le dernier alinéa du paragraphe 6 de l'article 35 de la loi sur le recrutement n'est pas applicable aux trois douzièmes dont le recouvrement est édicté par l'article 28 de la loi du 21 avril 1832.

Art. 41. — Lorsque la réclamation formée en matière de taxe militaire est admise, le remboursement auquel le réclamant a droit comprend, en outre du montant de la partie de la taxe irrégulièrement établie, le montant correspondant de la double taxe qui aurait pu être exigée de lui en vertu du dernier alinéa du paragraphe 6 de l'article 35 de la loi sur le recrutement.

CHAPITRE VI.

DU RÉGIME SPÉCIAL A L'ALGÉRIE.

Art. 42. — Pour les assujettis domiciliés en Algérie, la taxe militaire ne comprend que la taxe fixe et la portion imposable de la cote de l'ascendant responsable, si cet ascendant est domicilié dans la métropole.

Art. 43. — Pour les hommes ayant satisfait en Algérie à la loi du recrutement, la taxe n'est due que lorsqu'ils comptent moins d'une année de service. La taxe, calculée par application des dispositions du troisième paragraphe de l'article 35 de la loi sur le recrutement, est réduite d'un douzième pour chaque mois de service accompli par l'assujetti.

Les dispositions de l'article 3 du présent décret sont applicables à l'homme qui, ayant satisfait en Algérie à la loi sur le recrutement, transporterait son établissement dans la métropole avant l'âge de trente ans accomplis.

CHAPITRE VII.

DISPOSITIONS TRANSITOIRES ET DIVERSES.

Art. 44. — Les exemptés de la classe 1889 qui prétendraient avoir droit au bénéfice des dispositions du deuxième alinéa du paragraphe 4 de l'article 35 de la loi sur le recrutement se présenteront, munis du certificat prévu à l'article 20 de ladite loi, devant le conseil de revision chargé des opérations relatives à la classe 1890, pour faire constater s'ils sont en état d'incapacité absolue de travail. Sur le vu des décisions de ces conseils, les préfets prendront des arrêtés collectifs de dégrèvement.

De nouveaux certificats d'exemption portant la mention de l'incapacité absolue de travail seront délivrés aux intéressés.

Art. 45. — Il sera statué ultérieurement par un décret spécial sur le régime applicable aux colonies.

Art. 46. — Les ministres des finances, de la guerre et de la marine, et le ministre du commerce, de l'industrie et des colonies, sont chargés chacun en ce qui le concerne, de l'exécution du présent décret, qui sera inséré au *Bulletin des lois* et publié au *Journal officiel.*

Fait à Paris, le 30 décembre 1890.

CARNOT.

Par le Président de la République :

Le Ministre des finances,

ROUVIER.

Le Président du Conseil, Ministre de la guerre,

C. DE FREYCINET.

Le Sénateur, Ministre de la marine,

BARBEY.

Le Ministre du commerce, de l'industrie et des colonies,

Jules ROCHE.

ANNEXE N° 2 ET MODÈLES. — CIRCULAIRE DU 30 JUIN 1891.

ARRÊT de la Cour de Cassation (chambre civile) relatif aux obligations des dépositaires publics en ce qui concerne le payement de l'impôt direct.

(Du 21 mai 1883.)

Tous dépositaires publics de deniers provenant du chef des redevables et affectés au privilège du Trésor public, sont non seulement tenus sur la demande qui leur en est faite par le percepteur de payer les contributions des redevables, en l'acquit de ceux-ci ; mais, en outre, à raison de l'autorisation qu'ils ont d'acquitter directement ces contributions, en l'absence même de toute demande de la part du percepteur, ils ne peuvent remettre aux ayants droit les sommes déposées entre leurs mains, avant d'avoir acquitté entre les mains du percepteur le montant de la contribution privilégiée. A cet égard, le décret du 5 août 1791 n'a pas été abrogé par la loi du 12 novembre 1808. (L.L.5-18 août 1791 ; 12 novembre 1808, art. 2 ; 18 juin 1843, art. 1er § 4.)

*En conséquence, est responsable vis-à-vis du Trésor un syndic
de faillite qui a distribué aux créanciers tous les fonds de la faillite
sans avoir acquitté le droit de patente dû par le failli.*

« La Cour,

« Sur le moyen unique du pourvoi :

« Vu les lois des 5-18 août 1791 et 12 novembre 1808, art. 2 ;

« Attendu qu'il résulte de la combinaison de ces lois que tous
dépositaires publics de deniers provenant du chef de redevables
et affectés au privilège du Trésor public sont non seulement tenus,
sur la demande qui leur en est faite, de payer les contributions
sur ces deniers, en l'acquit des redevables, mais qu'en outre,
autorisés à acquitter directement ces contributions, *alors même
que le percepteur n'aurait fait aucune demande*, ils ne peuvent
remettre aux ayants droit les sommes déposées entre leurs mains,
sans s'être préalablement assurés du payement de la contribution
privilégiée ;

« Attendu qu'il appert du jugement attaqué que Marquefane,
poursuivi en qualité de syndic de la faillite Barbe, en payement
d'une somme de 65 fr. 90 due par le failli pour sa patente, a
opposé au commandement que les opérations de la faillite étaient
terminées et les fonds distribués entre les ayants droit antérieurement à toute réclamation du percepteur ;

« Attendu que le tribunal de Tarbes a accueilli cette opposition
et annulé le commandement en se fondant uniquement sur ce que
la loi du 12 novembre 1808, en exigeant une demande de la part
du percepteur, avait par cela même abrogé la loi de 1791, qui
rendait les dépositaires publics de deniers provenant du chef
des redevables responsables de toute distribution par eux faite,
sans justification préalable du payement des contributions ;

« Mais attendu que, loin d'avoir été l'objet d'aucune abrogation
législative, la loi des 5-18 août 1791 a été expressément visée,
conjointement avec celle de 1808, par la loi du 18 juin 1843 sur
le tarif des commissaires-priseurs, qui accorde à ces officiers
ministériels un droit de vacation pour le payement des contributions qu'ils sont obligés d'acquitter, sous leur responsabilité ;

« D'où il suit qu'en statuant ainsi qu'il l'a fait, le jugement
attaqué a violé les dispositions de loi précitées ;

« Casse, etc. »

<table>
<tr><td>

DÉPARTEMENT

d

PERCEPTION

d

COMMUNE

d

ART.   DU RÔLE.

MONTANT
DE LA TAXE :

. . . .

JOURS
RECETTE :

A

(Résidence
du Percepteur)

les

A

(Résidence
du contribuable)

les

</td><td>

MODÈLE Nº 2.

Circ. du 30 juin 1891.
§ 10

TAXE MILITAIRE
ET CONTRIBUTIONS DIRECTES
(Loi du 15 juillet 1889, art. 35, § 6.)

SOMMATION SANS FRAIS (1)
A L'ASSUJETTI

M.

est requis de payer, *dans la huitaine*, les termes échus de sa taxe militaire.

Faute de quoi, il sera poursuivi par sommation avec frais, et en cas de non-payement, celui de ses ascendants que le rôle désigne comme responsable sera mis en demeure de payer la taxe et y sera contraint par toutes les voies de droit.

Le Percepteur rappelle, en outre, à l'assujetti qu'il est débiteur d'autres contributions.

Invitation lui est faite de les acquitter sans retard.

A   , le   189 .

Le Percepteur,

</td></tr>
</table>

AVIS

Le Percepteur n'est pas tenu de renouveler dans le courant du même exercice l'envoi de cette sommation. On est prié de rapporter le présent avis en venant payer.

---

(1) Tous ces modèles se trouvent à *l'Imprimerie et librairie administratives* Paul Dupont, *4, rue du Bouloi, à Paris.*

DÉPARTEMENT

d ____

ARRONDISSEMENT

d ____

PERCEPTION

d ____

COMMUNE

d ____

ART.   DU RÔLE.

MONTANT
DE LA TAXE :
Fr.

DES AUTRES
CONTRIBUTIONS :
Fr.

____

Le coût de la présente sommation est de centimes, payables entre les mains du Percepteur, qui en doit quittance à souche.

____

JOURS
DE RECETTE :

A

(Résidence
Percepteur)

A

(Résidence
du contribuable)

les

MODÈLE Nº 3.
____

Circ. du 30 juin 1891.
§ 10.

TAXE MILITAIRE

ET CONTRIBUTIONS DIRECTES

(Loi du 15 juillet 1889, art. 35, § 6.)

____

SOMMATION AVEC FRAIS

A L'ASSUJETTI

____

Nº D'ORDRE DE LA CONTRAINTE

____

En exécution de la contrainte décernée par le receveur des finances de l'arrondissement, le   189 , contre les retardataires de la perception, et après les publications et sommations faites dans les délais voulus par la loi et les règlements,

M.   , demeurant à

est prévenu qu'il est poursuivi par *sommation avec frais* et requis de payer, *sous trois jours* au plus tard, entre les mains du Percepteur, la somme de

dont il est redevable pour sa taxe militaire. Ce délai expiré, les poursuites seront continuées contre l'ascendant désigné sur le rôle de la taxe comme responsable, et en cas d'insolvabilité de cet ascendant l'assujetti sera personnellement l'objet de nouvelles poursuites.

L'assujetti est sommé, en outre, de payer la somme de   exigible sur les autres contributions dont il est débiteur, à peine de poursuites par voie de commandement et de saisie.

Et, pour qu'il n'en ignore, la présente sommation a été laissée à son domicile parlant à

A   , le   189 .

Le Porteur de contraintes,

AVIS

____

On est prié de rapporter le présent bulletin en venant payer.

Modèle N° 4.
Circ. du 30 juin 1891.
§ 10.

DÉPARTEMENT
d

PERCEPTION
d

COMMUNE
d

ART.   DU RÔLE.

MONTANT
DE LA TAXE :

Fr.

DES AUTRES
CONTRIBUTIONS :

Fr.

JOURS
DE RECETTE ;

A

(Résidence
du Percepteur).

les

A

(Résidence
du contribuable)

les

TAXE MILITAIRE

ET CONTRIBUTIONS DIRECTES

(Loi du 15 juillet 1889, art. 35, § 6.)

SOMMATION SANS FRAIS

A L'ASCENDANT RESPONSABLE

M

est requis de payer, *dans la huitaine*, comme ascendant responsable, au lieu et place de M.
qui n'a pas répondu aux sommations précédentes, les termes échus de la taxe militaire imposée au nom de ce dernier.

Faute de quoi, les poursuites ordonnées par les lois seront exercées contre cet ascendant.

Le Percepteur rappelle, en outre, au redevable qu'il est en retard pour le payement de ses autres contributions.

Invitation lui est faite de se libérer sans délai.

A   , le   189 .

Le Percepteur,

(Loi du 15 juillet 1889, art. 35, § 6 : « La taxe militaire est due par l'assujetti. A défaut de payement constaté par une sommation restée sans effet, elle est payée en son acquit par celui de ses ascendants dont la cotisation a été prise pour élément de calcul de la taxe......»)

AVIS

Le Percepteur n'est pas tenu de renouveler dans le courant du même exercice l'envoi de cette sommation. On est prié de rapporter le présent avis en venant payer

<table>
<tr><td>

DÉPARTEMENT

d

———

PERCEPTION

d

———

COMMUNE

d

———

ART.   DU RÔLE

———

MONTANT

DE LA TAXE :

Fr.

DES AUTRES

CONTRIBUTIONS :

Fr.

———

Le coût de la pré-
sente sommation est
de
centimes,   payables
entre les mains du
Percepteur, qui en
doit   quittance   à
souche.

———

JOURS

DE RECETTE :

A

(Résidence
du Percepteur)
les

A

(Résidence
du contribuable)
les

</td><td>

MODÈLE Nº 5.

———

Circ. du 30 juin 1889.
§ 10.

———

TAXE MILITAIRE

ET CONTRIBUTIONS DIRECTES

(Loi du 15 juillet 1889, art. 35, § 6.)

———

SOMMATION AVEC FRAIS

A L'ASCENDANT RESPONSABLE

———

Nº D'ORDRE DE LA CONTRAINTE

———

En exécution de la contrainte décernée par le receveur
des finances de l'arrondissement, le   189 ,
contre les retardataires de la perception, et après les pu-
blications et sommations faites dans les délais voulus
par la loi et les règlements,
M.   , demeurant à
est prévenu qu'il est poursuivi par *sommation avec frais*
et requis de payer, *sous trois jours* au plus tard, entre
les mains du Percepteur, les termes échus de la taxe
militaire, s'élevant à la somme de
au payement de laquelle il est tenu comme responsable
de M.

Il est sommé, en outre, de payer la somme de
exigible sur ses autres
contributions.

Ce délai expiré, il y sera contraint par voie de comman-
dement et, pour qu'il n'en ignore, la présente sommation
a été laissée en son domicile parlant à

A   , le   189 .

Le Porteur de contraintes,

</td></tr>
</table>

(Loi du 15 juillet 1889, art. 35, § 6. « En cas de retard de payement de trois douzièmes
consécutifs constaté par un commandement resté sans effet, il sera dû une taxe double pour
les douzièmes échus et non payés.)

DÉPARTEMENT

d

—

ARRONDISSEMENT

d

—

PERCEPTION

d

Montant des doubles taxes :
(Col. 11 d'autre part.)

———Fr.———

TAXE MILITAIRE

(Loi du 15 juillet 1889, art. 35, § 6.)

ANNÉE 189 .

ÉTAT DES DÉBITEURS

DE LA DOUBLE TAXE

(Poursuites par commandement.)

Modèle Nº 6.

—

Circulaire
du 30 juin 1891.
§ 13.

Nº d'ordre
de la série générale.

—

Nº de la série
particulière
de la perception.

ÉTAT DES RETARDATAIRES de la perception d
qui n'ayant pas satisfait, dans les 3 jours, au commandement qui leur a été délivré, sont constitués débiteurs d'une **double taxe.**

En conformité de l'injonction faite par l'arrêté de **M.** le Préfet du département sur les rôles de la taxe militaire d'avoir à recouvrer la double taxe prévue à l'alinéa final du paragraphe 6 de l'article 35 de la loi sur le recrutement, le percepteur soussigné demande que le présent état soit rendu exécutoire et que des poursuites par voie de commandement et, subsidiairement, par voie de saisie, soient autorisées contre les dénommés ci-après

OBSERVATIONS

Cet état doit être établi en triple expédition dès l'expiration du délai de 3 jours accordé aux retardataires pour satisfaire au commandement précédemment signifié.

Une expédition est retournée au percepteur, pour valoir titre de perception, aussitôt après avoir été arrêtée par le receveur des finances et rendue exécutoire par le sous-préfet.

La seconde est remise au porteur de contraintes pour les poursuites à exercer contre ceux qui ne sont pas libérés.

La troisième expédition est conservée par le receveur particulier pour servir ultérieurement, lors de l'examen des demandes d'admission en non-valeurs des doubles taxes irrecouvrables.

Le percepteur prend charge dans ses écritures au compte : *Taxe militaire, douzièmes doublés,* du montant des doubles taxes inscrit dans la colonne 11.

NUMÉROS D'ORDRE.	DATE du PRÉCÉDENT commandement.	EXERCICES.	ARTICLES DU ROLE.	NOMS, PRÉNOMS ET QUALITÉS des contribuables. (Indiquer s'il s'agit d'un assujetti ou d'un ascendant.)	DEMEURES.	MONTANT de LA TAXE.	MONTANT des DOUZIÈMES portés sur le commandement resté sans effet.	ACOMPTE PAYÉ.
1	2	3	4	5	6	7	8	9
				Commune d				
				TOTAL............				

RESTE DU sur les DOUZIÈMES du précédent commandement.	MONTANT des doubles TAXES. (Somme égale à la col. 10.)	NOUVEAUX DOUZIÈMES échus depuis la notification du précédent commandement.	FRAIS ANTÉRIEURS.	TOTAL DE LA DETTE militaire motivant la poursuite. (Réunion des col. 10, 11, 12, 13.)	MONTANT des FRAIS de commandement.	DOUBLES TAXES. ÉMARGEMENTS.		OBSERVATIONS.
						Numéros des quittances du journal à souche.	DATE des payements.	
10	11	12	13	14	15	16	17	18

Certifié et arrêté en triple expédition par le percepteur soussigné.

A , le , 189 .

CONTRAINTE SPÉCIALE A LA TAXE MILITAIRE

Vu le présent Etat par le Préfet de l'arrondissement, pour être exécuté selon sa forme et teneur. Arrêté à la somme de
le montant des doubles taxes encourues, laquelle somme sera recouvrée par le percepteur de

sur les contribuables ci-dessus dénommés.

A , le 189 .

Le Receveur des finances soussigné, vu et arrêté l'état ci-dessus à la somme de en ce qui concerne les doubles taxes encourues par les contribuables retardataires, au nombre de de la perception d
enjoint au Sr , porteur de contraintes, commissionné par M. le préfet, de se transporter au lieu de la résidence de M. , percepteur, à l'effet d'exercer, contre ceux des redevables ci-dessus dénommés qui ne se seraient pas libérés à son arrivée, les poursuites par commandement, et de procéder ultérieurement, au besoin, par voie de saisie, en exécution de l'article de l'arrêté de M. le préfet, à la charge par ledit Sr , porteur de contraintes, de faire viser le présent par le maire ou son adjoint, et, en leur absence, par l'un des membres du conseil municipal, à son arrivée dans chaque commune.

Fait en triple expédition, à le 189 .

Le percepteur des contributions directes soussigné requiert, en vertu de la contrainte ci-dessus, le Sr
d'exercer contre les redevables dénommés en l'état qui précède, les poursuites par voie de commandement.

A , le 189 .

Vu par les maires des communes ci-après, qui certifient que la contrainte a été publiée.

Signatures des maires.

le , à
le , à
le , à
e , à
e , à
le , à
le , à

Modèle nᵒ 9.

Circulaire
du 30 juin 1891,
§ 12.

TAXE MILITAIRE

Loi du 15 juillet 1889, article 35.)

DERNIER AVIS

AVANT LA DOUBLE TAXE ET LA SAISIE

M.

est averti que s'il ne paye pas, *dans les trois jours,* la taxe militaire portée au commandement ci-joint, il deviendra débiteur d'une *taxe double* pour les douzièmes échus et non payés.

De nouvelles poursuites seront exercées contre lui pour avoir payement de *ce double droit.*

Le Percepteur,

Noᴛᴀ. — Le bulletin ci-dessus doit être épinglé aux *premiers commandements* réclamant le **payement** d'au moins trois douzièmes de la taxe.

Paris. — Soc. d'Imp. Paul Dupont, 4, rue du Bouloi (Cl.) 715.8.91.